L b 24 05.

AF296393

NOTICE

SUR

FIESCHI.

NOTICE

HISTORIQUE, BIOGRAPHIQUE

ET ANECDOTIQUE,

SUR

FIESCHI,

PRÉCÉDÉE

D'UNE RELATION CIRCONSTANCIÉE DE L'ATTENTAT

DU 28 JUILLET 1835,

ET SUIVIE

De la description exacte de l'appartement occupé par l'assassin; de détails,
jusqu'alors inconnus, sur la confection de son infernale machine; de notes
concernant ses complices, les femmes avec lesquelles il a successivement
vécu; les interrogatoires qu'il a déjà subis; etc., etc.;

Publié

PAR AUGUSTE GAMEAU,

Avocat à la Cour royale de Paris,

D'APRÈS DES RENSEIGNEMENS ET DES PIÈCES AUTHENTIQUES.

PRIX : 2 FR.

PARIS.

CHEZ J. LEDOYEN, LIBRAIRE, PALAIS ROYAL,

GALERIE D'ORLÉANS, N° 16;

ET AU BUREAU DU NAPOLÉON,

Journal anecdotique et biographique de l'Empire et de la Grande-Armée,

RUE DES TROIS FRÈRES, N° 17,

1835.

Dans un moment où la curiosité et l'opinion publique sont si vivement excitées par le désir de connaître la personne, le caractère, les mœurs, les habitudes, en un mot la vie de Fieschi ; dans un moment, dis-je, où chacun cherche à deviner le mobile qui a fait agir ce misérable, la cause principale qui l'a poussé à commettre un crime aussi horrible que le sien, j'ai pensé qu'on ne lirait pas sans intérêt la biographie complète de cet homme, biographie écrite avec la convenance qu'un semblable sujet réclamait.

Déjà une foule de détails aussi précis que curieux, parvenus à ma connaissance, m'avaient inspiré le désir de prendre des informations auprès des diverses personnes qui avaient été à même de connaître Fieschi autrefois. Le grand nombre de renseignemens que j'ai su recueillir m'autorise suffisamment à croire à leur parfaite exactitude.

Et d'ailleurs ma profession, plus encore peut-être que mes relations journalières avec les honorables magistrats chargés de l'instruction de cette grande affaire, ainsi qu'avec quelques-uns des habiles praticiens au savoir desquels l'existence du criminel a été confiée, ne sont-elles pas une sorte de garantie de l'authenticité de cette Notice ?

Auguste GAMEAU,

Avocat à la Cour royale.

Ce 28 août 1835.

I.

Le cinquième anniversaire de la révolution
de juillet a été marqué par un attentat dont on ne
saurait trouver d'exemple même dans les plus
sanglantes pages de notre histoire.

La journée du 28 juillet 1835 s'annonçait sous
les plus heureux auspices ; un temps superbe fa-
vorisait l'une des plus belles revues dont la capitale allait être le témoin.

Le roi achevait la revue de la seconde ligne
d'infanterie, entouré de sa belle et jeune famille,
et d'un état-major où l'on remarquait l'élite de
nos illustrations militaires.

Il était arrivé au boulevard du Temple, et
passait devant le front de la 8ᵉ légion de la garde
nationale, quand tout-à-coup se fait entendre une
détonation semblable à celle d'un feu de peloton
mal ordonné..... A ce bruit succède bientôt un
désordre effroyable.

C'est une machine infernale, qui vient de vo-
mir une grêle de balles et de mitraille sur le
groupe qui entoure le roi et ses enfans ! Une de

nos vieilles gloires militaires, le duc de Trévise,
tombe baigné dans son sang, et expire sans pro-
férer une parole; le général Lachasse de Vérigny est frappé mortellement au front; M. de
Rieussec, lieutenant-colonel de la garde nationale,
un aide-de-camp du ministre de la guerre, — le ca-
pitaine Vilatte,—une jeune fille, plusieurs gardes
nationaux expirent également au milieu des chevaux qui se cabrent et d'une foule terrifiée à l'as-
pect de cet effroyable assassinat !

Dans le premier moment de confusion, le
cheval du roi, blessé au cou, s'était cabré en
même temps que celui du duc de Nemours, qui
était placé un peu en arrière du roi son père. Dans
ce mouvement, Louis-Philippe, lui-même, avait
reçu au bras gauche un choc assez violent pour
qu'il se crût frappé d'une balle; il étendit les
doigts, et dit : « Je suis touché au bras, mais
ce n'est rien. » Toutefois le roi avait encore le
soir le bras engourdi et douloureux.

Enfin, au milieu de ce tumulte impossible à
décrire, s'élève un cri que répètent aussitôt mille
voix !... *Le roi n'a rien !...aucun des princes n'est
blessé !....* Et en effet, S. M., calme au milieu de ce
désordre, émue seulement de la vue des victimes
qui l'entourent, pousse son cheval dans les rangs
de la garde nationale, et continue sa route presque portée par elle, au milieu d'innombrables
vivat !....

Les coups étaient partis du second étage d'une

maison située en face le *Jardin-Turc*. En une mi-
nute cette maison fut investie par la garde nationale qui bordait les boulevards. On pénétra jusque
dans la chambre d'où avait été commis le crime,
et l'on trouva l'affreuse machine encore fu-
mante!...

Cependant l'autorité, dans la crainte de quelque tentative coupable, avait fait exercer une active surveillance autour des maisons situées sur le
passage du cortège. Aussi, dès que l'explosion s'é-
tait fait entendre, des agens s'etaient précipités
dans la cour intérieure de cette maison.

L'un d'eux, voyant un individu se laisser glisser
le long d'une corde, lui cria :

«Ah ! c'est toi, misérable, nous te tenons! »

A l'instant Fieschi — car c'était lui — se trou-
vant à la hauteur d'un mur, s'élance par dessus et
tombe dans une cour voisine; mais il trouve là
un autre agent de police, qui, aidé de quelques personnes, entre autres d'un officier de la 8e légion de
la garde nationale, s'empare de lui.

La nouvelle de l'attentat commis sur le boulevard se propagea rapidement. Le général Rumigny,
aide-de-camp du roi, partit au grand galop pour
aller rassurer la reine aussitôt qu'il eut la certitude que le roi n'avait pas été atteint; et, sur sa
route, il annonça, en peu de mots, aux colonels
des légions ce qui venait de se passer. Bientôt après
des officiers d'état-major donnèrent quelques détails, et, en peu d'instans, il n'y avait pas un garde

national ou un soldat, sur toute la ligne, qui ne connût l'événement.

La garde nationale et la ligne s'étaient empressées de former une enceinte pour débarrasser le théâtre de cette scène de douleurs, dont on put alors reconnaître toute l'immensité.

Une large mare de sang couvrait la chaussée du boulevard, où gisaient trois chevaux. Sur la contre-allée trois cadavres, ceux de deux hommes et d'une jeune fille. Mais c'était le *café Turc* qui offrait le plus déchirant spectacle. Dans une salle de billard, étaient étendus par terre, chacun sur un matelas, le maréchal Mortier, M. de Rieussec, un sergent et deux gardes nationaux de la 8e légion. Dans le jardin, était couché sur un lit formé de plusieurs banquettes le général de Vérigny ; il respirait encore, et des médecins s'empressaient à lui prodiguer leurs soins ; mais il avait été frappé d'une balle à la tête ; et déjà un épanchement au cerveau se manifestait par des signes certains ; il ne restait aucun espoir de sauver ce brave militaire.

La reine et les princesses ses filles se trouvaient chez le garde-des-sceaux, à la chancellerie, pour assister au défilé des troupes, sur la place Vendôme, quand on vint leur annoncer qu'une machine infernale avait éclaté sur le passage du roi, que plusieurs personnes avaient été tuées, mais que S. M. et les princes n'avaient pas reçu la moindre blessure.

On avait songé d'abord à cacher cette nouvelle à la reine; mais c'eût été impossible. S. M. aurait pu lire le malheur affreux qui était arrivé sur le visage de tous ceux qui l'approchaient. Les ministres présens durent donc l'en instruire. Il est facile de s'imaginer l'émotion où la plongea le sentiment du danger qu'avaient couru le roi et ses fils; et comme S. M., qui avait voulu continuer la revue, ne paraissait pas, elle crut un moment qu'on lui déguisait une partie de la vérité, et que peut-être le roi était grièvement blessé.

Dans ce même salon de la chancellerie se trouvaient réunies les femmes, les mères, les filles des officiers-généraux qui composaient le cortége de S. M.; ou savait que plusieurs personnes étaient tombées frappées mortellement auprès d'elle; mais ou ignorait encore le nom des victimes. Ce fut pendant quelques instans une horrible confusion de sanglots et de cris. Enfin, plusieurs aides-de-camp étant successivement accourus, toutes les incertitudes cessèrent et chacun put apprendre le malheur qui le frappait individuellement.

Cependant le roi continua la revue, qui s'acheva au milieu de transports et de *vivat* qu'il me serait difficile de peindre.

Le roi, dont l'émotion ne se trahissait que par la pâleur de son visage, vint prendre sa place accoutumée au pied de la colonne.

Le défilé se prolongea long-temps, et l'on remarqua que le nombre des curieux bordant les contre-allées des boulevards augmentait de moment en moment, et au fur et à mesure que la nouvelle se répandait.

Il est de fait qu'il fallut un de ces hasards vraiment miraculeux pour que Louis-Philippe et ses fils échappassent à la fatale machine. Les fusils étaient montés, ce qu'on appelle en *orgue d'artillerie*. Quand Fieschi mit le feu à sa machine, le premier tuyau vomit sa charge, et le cheval du roi eut le cou traversé d'une chevrotine; mais le second canon, qui aurait immanquablement tué Louis-Philippe, rata; le troisième et le quatrième, dont la charge devait également porter dans le premier groupe, qui se composait du roi et de ses enfans, ratèrent également : c'est probablement le cinquième canon qui atteignit si malheureusement le maréchal Mortier, qui marchait immédiatement après S. M.

M. Horace Vernet, qui se trouvait à la suite du roi, parmi l'état-major de la garde nationale, fut chargé par lui de représenter cette horrible scène.

A cinq heures le roi était rentré aux Tuileries.

II.

Le logement que Fieschi occupait dans la maison du boulevard du Temple, n. 5o, au 3ᵉ étage,
était composé de trois pièces d'enfilade et de plain-
pied ; la dernière de ces pièces avait une seule fenêtre qui donnait sur le boulevard ; celle du milieu servait de cuisine et prenait jour sur une cour ;
la troisième, qui formait une sorte de petite antichambre, avait une sortie par la rue des Fossés-
du-Temple : c'est par là que l'assassin tenta de se
sauver.

Les deux pièces dont je viens de parler n'a-
vaient aucun meuble ; seulement on trouva dans
une espèce de cabinet noir deux mauvais matelas
sur lesquels Fieschi couchait. Deux chapeaux gris
furent trouvés dans ce logement. L'un d'eux avait
été atteint par les débris des canons de fusils qui
avaient crevé au moment de l'explosion.

Il eût été difficile de trouver une position plus
favorable au crime que celle qu'avait choisie l'assassin. Là il était placé comme dans une espèce de
bastion, il dominait toute la chaussée. Un éclairci

des arbres de l'allée formait pour lui comme une sorte de meutrière de feuillage à travers laquelle il pouvait aisément mirer ses victimes, et la hauteur à laquelle il était placé lui permettait, en inclinant sa batterie, de les atteindre même de l'autre côté de la chaussée.

La décharge une fois faite, et lorsqu'on pénétra dans la chambre d'où l'on avait vu sortir si abondamment de la fumée, on trouva vingt-cinq gros canons de fusils rangés horizontalement dans les trous d'une planche, placée de champ, à peu près comme un râtelier d'armes renversé. Ceux des canons qui avaient crevé par la force de la charge dont on les avait bourrés, l'avaient fait avec une telle violence, que les murs de la chambre paraissaient criblés.

Entre le moment de l'explosion et celui où il fut arrêté, Fieschi fit encore un assez long trajet ; et, s'il n'eût été blessé, il est certain qu'il eût réussi à s'évader. On aurait pu suivre, à la trace de son sang, la route qu'il parcourut. D'abord, à l'aide d'une corde, il était descendu du troisième étage — qui du côté de la rue Basse forme le quatrième—jusque sur le toit d'un petit bâtiment ; il parcourut ce toit dans une longueur de vingt pieds environ, de là il entra dans une cuisine où une femme effrayée voulut d'abord lui barrer le passage ; mais il le força après avoir déchiré le tablier de cette femme, et il descendit dans la cour qui dépend de l'estaminet des *Mille-Colonnes*, et de là il sauta dans une autre cour, celle d'un nourrisseur; il avait presque atteint la porte quand il fut arrêté.

Il était vêtu, au moment de l'attentat, d'une blouse bleue; il n'avait point de cravate, et portait des souliers en pantoufle.

La fenêtre sur laquelle était placée cette machine infernale fut d'abord bouchée avec une toile; puis après on la mura.

On a prétendu que la ville de Paris se proposait d'acquérir cette maison et d'y percer une communication entre le boulevard et la rue Basse... On peut voir imprimée dans *les Petites-Affiches*, du commencement du mois d'août, l'offre de vendre *à l'amiable* cette même maison, *sise boulevard du Temple, n. 5o, en face le Jardin-Turc*, avec cour et terrain, contenant en superficie 35o toises, moyennant 13o,ooo francs.

III.

La machine infernale (1), qui vomit la mort et
le carnage sur le boulevard du Temple, fut enle-
vée le même jour de la chambre de Fieschi et déposée au parquet du procureur du roi.

---

(1) Cette machine n'est qu'une sorte d'imitation de celle
qui a été quelquefois employée sous le nom de *jeu d'orgue*.
On peut voir aux Musées d'artillerie de la place Saint-Tho-
mas d'Aquin et de la marine, au Louvre, ce qu'on appelle
des jeux d'orgues. Ce sont des machines qui ont pu
donner l'idée de celle de Fieschi : une douzaine de canons, plus ou moins, sont très-solidement fixés sur un pivot
qui tient lui-même à un appareil d'appui ; une batterie est
établie, comme aux fusils ordinaires, pour y mettre le feu, et
avec cette arme on peut frapper de loin et sur un large es-
pace.

Les officiers d'artillerie, qui ont été à même d'examiner la
machine de Fieschi, ont fait remarquer que si cet homme
eût connu tant soit peu les élémens de leur art, et s'il avait
rendu ses feux divergens et croisés au lieu de les rendre pa-
rallèles et convergens, il eût nécessairement foudroyé le
roi, son état-major et plus de 200 personnes. Il est vraiment heureux que Fieschi n'ait jamais été artilleur.

Avant de l'enlever du lieu de son explosion, le commissaire de police, qui fit procéder à sa translation, eut le soin de numéroter les canons de fusils dans l'ordre où ils étaient placés, et de constater la position dans laquelle chacun d'eux s'était trouvé après l'événement.

Le vendredi 31 juillet, M. Desmortiers, procureur du roi, fit appeler l'ouvrier qui avait enlevé la machine, et, en présence des mêmes personnes qui l'avaient vu opérer, il la fit remonter dans la pièce qui sert d'antichambre à son cabinet. Elle fut posée devant une croisée, à la même distance que dans la chambre de Fieschi, et l'on descendit la jalousie de la croisée à peu près de la même manière que l'avait été celle qui le dérobait aux regards des voisins, sur le boulevard.

Cette machine n'était que trop ingénieusement conçue; son organisation n'avait rien de compliqué, et elle était établie d'une manière très-simple et en même temps fort solide.

Elle était montée sur une espèce d'échafaudage soutenu par quatre pilastres, qui étaient liés entre eux par de fortes traverses faites, comme les pilastres eux-mêmes, avec de très-bon bois de chêne. Vingt-cinq canons de fusils de calibre ordinaire étaient appuyés par la culasse sur la traverse de derrière, qui était plus élevée de 7 à 8 pouces que celle de devant, de manière à former une inclinaison venant d'arrière en avant.

Le bout des canons reposait sur la traverse de

devant, dans laquelle on avait formé des entailles ou des espèces de créneaux, qui devaient empêcher les canons de s'entrechoquer. Ces créneaux n'étaient point faits sur la même ligne, ils étaient plus élevés les uns que les autres d'un demi-pouce environ, un peu plus un peu moins, et de manière à ce que toutes les charges ne portassent ni vers le même point ni dans la même direction.

Ainsi, par cette terrible disposition des canons, la mitraille qu'ils contenaient devait s'étendre dans une largeur d'environ 25 pieds d'arrière en avant du cortège, et dans une hauteur d'environ 10 pieds de bas en haut, c'est-à-dire des pieds des chevaux à la tête des cavaliers. Par ce moyen, elle embrassait un vaste carré dans lequel le roi et les princes devaient nécessairement se trouver compris au moment de l'explosion. Mais heureusement quatre de ces canons ayant crevé, leur charge ne porta pas tout entière à l'extérieur, deux autres canons ne prirent pas feu non plus ; et, pour comble de bonheur, ce hasard providentiel diminua le danger de 24 coups tirés dans le même carré, en les calculant d'après la quadruple charge que chacun des six canons avait refusée au désir de l'assassin. Telle fut sans doute la cause réelle à laquelle la France dut le salut du roi et de ses trois fils.

Les canons, placés ainsi que je viens de le dire, étaient couverts sur la culasse par une large et forte barre de fer vissée à la traverse sur laquelle ils s'appuyaient. Ces canons étaient disposés de manière à ce que toutes les lumières fussent en haut et sur la même ligne, de telle sorte qu'il fût possible de mettre le feu à tous à la fois et d'un seul mouvement, au moyen d'une traînée de poudre. Je n'ai jamais pu comprendre comment cette traînée de poudre avait été posée; quelques pièces, sans doute, manquaient à l'appareil après l'explosion. A côté de cette machine était une longue traverse en très-forte tôle, formant les deux parties d'un carré d'environ deux pouces à chaque face; aucune trace de poudre n'existait sur cette traverse, qui paraissait même n'avoir été, pour Fieschi, d'aucune utilité.

Dans le milieu de chacun des deux pilastres de derrière, se trouvait une rainure où venaient s'agencer les deux traverses de côté, et au moyen d'une vis semblable à celles qui servent à tenir les lits, on pouvait hausser ou baisser la partie postérieure et donner ainsi à tous les canons une pente plus ou moins inclinée, selon qu'il eût été nécessaire pour viser juste la personne du roi.

L'ensemble de la machine pouvait avoir trois pieds et demi de largeur sur quatre pieds de longueur; elle était combinée de manière à être un peu plus élevée que l'embrasure de la croisée de la pièce occupée par Fieschi.

Le 2ᵉ canon et le 10ᵉ ne prirent pas feu, et les quatre autres—ceux qui crevèrent—n'étaient pas, comme on l'a dit dans quelques journaux, placés à côté l'un de l'autre , ils étaient, au contraire, fort éloignés; le premier qui creva était le quatrième dans la rangée , et le dernier était le vingt-troisième.

Le contre-coup, c'est-à-dire la force du reculement, fit éclater la traverse de derrière en plusieurs endroits.

Enfin , en examinant cette machine, on est porté à croire que, pour l'établir, il a fallu à l'assassin le travail tout à la fois d'un menuisier , d'un serrurier et d'un mécanicien, et que le même homme n'a pu tout faire, à moins qu'il ne connût ces trois métiers, et qu'il n'eût à sa disposition tous les outils nécessaires.

On fut obligé, pour décharger ceux des canons qui n'étaient point partis, de les scier; leur charge était effrayante ; elle se composait de quatre lingots de plomb pesant chacun six grammes de plus qu'une balle de calibre d'un fusil de munition, puis quinze à vingt chevrotines, et au-dessus quatre autres lingots de la même grosseur que les premiers; en sorte que chaque canon eût pu tuer plus de vingt personnes!

Ce ne fut point non plus chez un armurier, mais bien chez un brocanteur de la *rue de l'Arbre-Sec*, nommé Bury, que Fieschi acheta les canons de fusils dont il se servit.

Il se présenta le jeudi 23 juillet chez M. Bury, lui disant qu'il était chargé de faire un envoi en province. Ces canons de fusils étaient des canons

de rebut et provenaient d'un marché conclu avec
M. Pérardel, agent de la maison Saint-Quentin.
Si Fieschi eût eu quelque notion du métier, il
ne se serait pas servi de ces canons, et la lettre
suivante, du docteur Montazeau, vient à l'appui
de cette assertion.

« Paris, 29 juillet 1835.

» Monsieur,

» Après avoir donné inutilement mes soins aux
malheureuses victimes, particulièrement à la
jeune Sophie Remy, âgée de 14 ans, qui a
rendu le dernier soupir après un quart d'heure
d'agonie, j'ai été requis par M. Gouget, commissaire de police, à l'effet de déterminer les causes
de mort des sieurs Hardouin, homme de peine, âgé
de 40 ans; Jouglard, âgé de 50, et de la jeune Sophie.
» Ma pénible mission remplie, j'ai monté dans
la chambre de l'infernale combinaison du crime;
j'ai examiné attentivement l'appareil : tout m'a
paru minutieusement calculé et mûrement ré-
fléchi. J'ai remarqué l'obliquité des canons de
gauche à droite, afin de gagner de la surface, et
la bascule qui servait à élever ou à baisser à vo-
lonté le point de mire. Une circonstance plus importante encore, et qu'il est bien nécessaire de
mentionner, c'est que l'appareil se composait de
25 canons de fusils, dont trois, marqués du poin-

çon de *rebut*, occupaient le commencement de la *machine* à droite, côté où l'explosion a commencé.

»Les trois canons de rebut se sont brisés, etc.

» Agréez, etc.

»Le docteur MONTAZEAU,

» 16, rue du Martrois (Hôtel-de-Ville).»

Sur la demande de M. Zangiacomi, un officier supérieur du corps de l'artillerie fut chargé, par le ministre de la guerre, de constater l'état de la machine. On désigna pour cette mission M. de Poncharra, lieutenant-colonel d'artillerie, employé auprès du comité de ce corps, et qui long-temps a été inspecteur-général des manufactures royales d'armes.

Ce dernier s'étant adjoint un de nos plus habiles armuriers (1), le rapport qui fut fait à cette occasion constata que, si cet épouvantable instrument avait été construit plus complètement dans les règles de l'art et disposé en éventail, il aurait pu donner la mort à plus de *deux cents personnes ,* en calculant le nombre total des projectiles qu'il devait contenir sur celui des balles, lingots et chevrotines qui furent trouvés dans ceux des canons qui ont raté. Ce rapport a dû être joint à la procédure.

---

(1) M. Le Page.

IV.

La famille Fieschi, quoique corse , est d'origine
génoise. Établie d'abord à Nessa, canton de Vico,
elle transporta, plus tard , son domicile à Valle-
Calle, canton d'Oletta, à peu de distance de Bastia;
mais c'est dans un village appelé Bogognano, dis-
tant de quelques lieues seulement d'Ajaccio, que
Joseph Fieschi vint au monde, le 3 mars 1792 (1).

Très-jeune encore Fieschi donna des preuves
d'une grande énergie et d'une rare intelligence;
mais la pauvreté de ses parens, qui ne possédaient
pour tout bien qu'une misérable chaumière en-
tourée de quelques ceps de vignes, s'opposa à ce
qu'ils pussent développer chez lui, par l'éducation,

---

(1) Ainsi qu'il résulte d'un passeport qui lui a été délivré
à la préfecture de police de Paris , le 1er mai 1831 , sous le
nom de Giuseppe Fieschi.

Il est à remarquer que ce fut vingt-huit ans, et juste jour
pour jour, après la naissance de ce monstre , qu'un autre
monstre , Louvel, assassina le duc de Berry.

les qualités naturelles dont il était doué. Cependant, à l'âge de quatre ans, sa mère entreprit de lui apprendre à lire, car elle-même savait parfaitement lire et écrire, ce qui était fort rare de la part d'une paysanne corse, d'autant plus qu'elle avait passé sa jeunesse à garder des chèvres, et même qu'après son mariage elle n'avait point fait autre chose, afin de pourvoir aux besoins de son ménage; car le père de Fieschi, appelé Louis, ayant été condamné à une peine infamante, à laquelle il sut se soustraire, sous l'autorité du général Morand, fut obligé de quitter la Corse, et mourut bientôt après.

Fieschi est d'une taille moyenne, mais bien prise (5 pieds un pouce), maigre, brun, cheveux rares; front large et découvert; yeux noirs, petits, enfoncés dans leurs orbites; nez aquilin, pommettes saillantes, bouche fendue, lèvres minces, menton plat et peu prononcé. Son regard est assuré, son allure vive, son caractère plein de résolution et de fermeté. Sa prononciation est fortement accentuée; ses manières sont familières : il se met promptement à l'aise avec les personnes qu'il connaît le moins.

Habile mécanicien, Fieschi a construit et monté seul dans le moulin Croulebarbe un métier à tisser d'une exécution aussi compliquée que difficile. Doué de beaucoup d'agilité, il excelle dans tous les exercices gymnastiques, et particulièrement dans celui du bâton et de l'escrime. On se fera aisément une idée de son adresse, de sa force physique et même de son sang-froid, lorsqu'on réfléchira à ce qu'il lui a fallu de courage, mutilé qu'il était, pour se laisser glisser d'un troisième étage-au moyen d'une corde et rien qu'avec le secours d'une seule main.

Fieschi n'a jamais été marié. Il n'a donc ni femme ni beau-père, comme on s'est plu à le dire. Il vivait, il est vrai, maritalement avec la femme Petit : cette femme exerça de tout temps sur lui une grande influence.

Fieschi n'a jamais fait partie de la société des Droits de l'Homme. Quoiqu'il ait affecté de manifester des opinions très-exaltées, ayant été signalé par les hommes influens de ce parti comme espion de police, il ne put jamais se trouver en rapport avec le parti républicain. Au reste, Fieschi possédait toutes les qualités nécessaires pour se poser comme chef de complot : c'eût été un Masaniello au petit pied.

Cet homme était avide d'argent; il fréquentait les maisons de jeu aussitôt que ses moyens pécuniaires, quelque restreints qu'ils fussent, le lui permettaient. On l'a rencontré, maintes fois, dans les cloaques du Palais-Royal.

Il a habité successivement Lodève, Montpellier, Lyon et Paris; il a travaillé quelque temps à Lodève sous le nom de Gérard, dans une manufacture de drap, en qualité d'ouvrier tisserand.

Vers la fin de 1830, M. Caunes aîné, ayant été

nommé inspecteur des travaux d'assainissement,
vint se loger dans la rue de Buffon. Dans cette
même maison habitait aussi la femme Fieschi, dite
Lassale, dite Petit, puisqu'il est prouvé qu'elle a
pris alternativement ces trois noms. M. Caunes la
chargea du soin de son ménage de garçon. Fieschi
faisait alors partie d'une compagnie de sous-officiers sédentaires, casernée dans la rue du Jardin-
du-Roi. Il se plaignit amèrement de son sort et de
l'ingratitude du pouvoir, qui, disait-il, mécon-
naissait ses services. M. Caunes, homme d'une
obligeance peu commune, fit tous ses efforts pour
améliorer la position de Fiesçhi, qui, doué d'une
rare dissimulation, avait su se rendre intéressant,
à ses yeux, en lui racontant ses aventures à peu
près en ces termes :

« Je suis le compatriote du général Franceschetti — lui dit-il. — Mon père, qui fut l'un de ses
camarades dans la légion corse, en sortit pour entrer dans un régiment napolitain, en 1808. Admis
dans ce régiment comme enfant de troupe, je fis
avec lui la campagne de 1812 en Russie.

» De retour à Naples, en 1813, je fus nommé che-
valier de l'ordre des Deux-Siciles, et placé comme
sous-officier dans un régiment de ligne. Je fis la
campagne de 1814, et je rentrai dans ma patrie à la
fin de cette année. Je pris aussitôt du service dans
la légion corse, organisée par le colonel M***. J'es-
pérais y conserver ma décoration, ou obtenir celle
de la Légion-d'Honneur en échange ; peut-être

même être nommé sous-lieutenant; je perdis bientôt cet espoir; mais presque au même moment le roi Joachim débarqua en Corse et fit un appel aux anciens militaires. J'accourus avec plus de mille de mes anciens camarades que Ferdinand avait eu l'imprudence de licencier. Je fus du nombre de ceux qui suivirent Murat dans l'expédition de Pizzo. Vous en connaissez le résultat.

» Après avoir été retenus pendant six semaines à l'île de Ventotene, nous fûmes renvoyés sur plusieurs felouques en Corse. Nous avions été grâciés, dit-on, par Ferdinand, sous la condition d'être livrés en France aux cours prévôtales. A notre retour le marquis de Rivière, commissaire de Louis XVIII, nous fit transporter dans le port de Bastia et conduire à Toulon, où un triage des malheureux de l'expédition ayant été fait, les généraux furent envoyés à Marseille, et nous aux îles d'Hyères, d'où, après l'arrivée de la duchesse de Berry, je fus tiré avec plusieurs de mes camarades et jeté dans un dépôt colonial.

» A cette époque de persécution, j'entrai dans une conspiration qui fut découverte (1). Le

---

(1) Il est de fait que sous la restauration Fieschi s'était mêlé à l'une de ces nombreuses conspirations qui éclatèrent en 1822 et en 1823; je n'ai jamais pu savoir au juste laquelle; quoi qu'il en soit, voici ce que j'ai ouï dire à cette occasion:

« Les conjurés ayant appris qu'un des leurs était parti, emportant la liste de leurs complices pour les livrer à la po-

chef périt sur l'échafaud ; les juges, prenant en pitié mon extrême jennesse, obtinrent un sursis pendant lequel l'autorité se flatta d'arracher, à force de promesses, de sollicitations, de séductions et de menaces, le nom de mes complices. Je restai sourd et ferme comme un roc à toutes leurs tentatives, fier de leur montrer qu'un Corse savait mourir pour sa cause sans jamais la trahir. Lassés enfin par ma constance, ils m'annoncèrent un jour que ma peine était commuée eu prison : mais quelle prison ! un cachot de six pieds de large, bas et humide, sur le sol duquel j'étais cloué par soixante livres de fer. En moins de six mois, malgré la vigueur de mon tempérament, qui avait bravé le froid de la Russie, ma santé reçut de cruelles atteintes : ces fers rongèrent mes chairs jusqu'aux os, les vers me dévorèrent tout vivant. N'ayant pour toute nourriture que le pain noir de la prison, j'allais succomber, lorsqu'on m'annonça la prochaine visite de M. Appert.

» J'en fus prévenu par un geôlier compatissant, qui m'engagea à attirer son attention lorsqu'il passerait par le corridor sur lequel donnait l'entrée

---

lice, Fieschi s'offrit aussitôt pour le rejoindre et lui arracher cette pièce. En effet, il se mit à sa poursuite, et, quand il l'eut atteint, il lui arracha cette liste, et lui plongea en même temps un poignard dans le cœur. »

Et cependant à cette époque Fieschi devait être détenu à Embrun. S'en était-il donc échappé ?.....

de mon cachot. Mes gémissemens le frappèrent; il ordonna qu'on ouvrît ma porte, et recula saisi d'horreur à ma vue.

» Eh ! qu'a donc fait ce malheureux ? —demanda-t-il au geôlier.

»— C'est— répondit celui-ci—un condamné politique à qui le roi a fait grâce de la vie.

»—La première grâce—reprit M. Appert indigné—c'est de lui donner de l'air et de la lumière ; car il serait moins cruel de le faire mourir que de le condamner à vivre ainsi. »

» Alors, s'approchant de moi, il s'informa avec un ton affectueux des motifs de ma condamnation, prit des notes, me donna 10 francs, et m'exhorta à ne pas perdre courage.

» Six semaines après, je fus transféré dans la maison centrale d'Embrun, où je restai encore huit ans. A l'expiration de ma peine, on m'assigna pour domicile le département du Rhône, où je vécus, dans le bourg de Colombes, du travail de mes mains, jusqu'à la révolution de 1830.

» La loi qui promettait des indemnités aux condamnés politiques, me fit accourir à Paris pour réclamer le grade auquel j'avais droit. Mes services dans la légion corse sont constatés au ministère de la guerre. J'étais sergent depuis 1815 ; je devais avoir l'épaulette de sous-lieutenant, et je l'avais bien gagnée ; cependant je ne l'ai point encore. On m'en a payé quelques mois les appointemens, ensuite on m'a fait entrer dans une compagnie de sous-officiers vétérans, où je ne vois plus d'issue ; il faut pourtant que j'en sorte, car ce n'est pas ma place. J'ai encore assez de vigueur et de jeunesse, ce me semble, pour faire partie de l'armée active. Qu'en pensez-vous ? »

C'était à l'aide de fables ainsi bâties que Fieschi ayant capté la bienveillance de personnages honorables, ceux-ci firent tous leurs efforts pour lui être utiles. Cependant les choses ne s'étaient pas passées tout-à-fait de même, et, s'il en faut croire une personne bien informée, le caractère et la conduite de Fieschi, dès sa plus tendre jeunesse, et après la restauration, sont bien loin de ressembler au tableau qu'il se plaisait à en faire lui-même.

« Fieschi n'avait encore que treize ans—m'assura-t-on — lorsque, abandonnant ses parens et sa patrie, il se rendit à Naples et s'engagea dans un régiment d'infanterie légère : il montra beaucoup de zèle, une audace et un sang-froid au-dessus de son âge ; à dix-huit ans, il était déjà parvenu au grade de sergent.

» Cet avancement n'était pourtant pas de nature à satisfaire l'amour de l'argent, passion qui, chez Fieschi, débordait déjà toutes les autres ; et tout porte à croire que, lors de l'avénement de Murat au trône de Naples, ce misérable, sans quitter les rangs de l'armée, se fit espion. Il ne laissa pas néanmoins de faire preuve en plusieurs circonstances d'un courage et d'une fermeté à toute épreuve. On le cita bientôt comme l'un des plus intrépides soldats du roi Joachim. A cette époque, la fortune de Murat ayant changé, ce prince, après avoir joint ses armes à celles des puissances alliées qui menaçaient d'accabler la France, se trouva lui-même obligé de se défendre contre la formidable coalition dont il avait fait partie, et appela aux armes l'Italie tout entière. Après quelques succès Murat, battu par les Autrichiens, se retira de Bologne, et fit sa retraite par la Marche d'Ancône. Fieschi crut le moment favorable pour reprendre son métier d'espion; il déserta, passa dans les rangs des Autrichiens, et l'on suppose que les renseignemens qu'il y porta contribuèrent puissamment au gain du combat du 2 mai, où l'armée de Murat fut anéantie par les généraux Neupperg et Bianchi.

» Soit que le métier d'espion n'eût pas été plus lucratif pour Fieschi que celui de soldat, soit qu'il eût perdu, par des circonstances fortuites, le produit de sa trahison, il revint en Corse vers le milieu de l'année 1815, dans le dénuement le plus complet. Presque en même temps Murat, détrôné et traqué par la police de France, se réfugia dans cette île, à Vescowato, chez le général Franceschetti. Fieschi apprit promptement l'arrivée du prince; il s'empressa de se présenter à lui et de lui offrir ses services, qui furent acceptés. Murat, qui n'avait pas perdu l'espoir de remonter sur le trône, chargea Fieschi d'une

mission secrète; ce dernier se rendit à Naples;
et il est probable qu'à cette époque, au lieu de
servir le prince fugitif, il se fit l'agent des Bour-
bons, dont le gouvernement était nouvellement ré-
tabli ; ce qui est certain, c'est que, de retour en
Corse, il fit à Murat un rapport merveilleux sur
l'esprit politique des Napolitains. Il assura que le
roi Joachim n'avait qu'à se montrer pour que
l'armée et la population entière se rangeassent
autour de lui; il affirma que Murat arriverait à
Naples aussi facilement que Napoléon, à son retour de l'île d'Elbe, était arrivé à Paris, et il fit
tant, que le prince, poussé d'ailleurs par son caractère aventureux, résolut d'entreprendre cette
incroyable expédition qui devait le conduire à la
mort. On sait le reste.

» Vers la fin de 1815, Fieschi retourna en
Corse, et y resta plusieurs mois; mais bientôt, fati-
gué de son inactivité, il revint en France vers la
fin de 1816, et arriva à Paris au mois de décem-
bre. Il paraîtrait que les tentatives qu'il fit alors
pour obtenir de l'emploi dans la police furent sans
succès. Il alla à Lyon, et entra comme ouvrier
dans une fabrique de draps.

» Ce ne fut qu'après la révolution juillet que
Fieschi revint à Paris.

» M. Caunes l'attacha à un atelier des travaux
de la Bièvre, où il gagnait deux francs par jour ; et,
plus tard, la ville de Paris ayant fait l'acquisition
du moulin Croulebarbe, rue du Champ-de-l'A-

louette, M. Caunes le fit nommer gardien de cet établissement. Ce fut alors que Fieschi donna sa démission de sous-officier sédentaire, pour aller, avec la femme Petit, habiter ce moulin jusqu'à l'époque où M. Caunes, s'apercevant de plusieurs infidélités commises dans le service, le renvoya de ses travaux. »

Ceci se passait au mois de septembre ou d'octobre 1834.

Précédemment, lors de l'invasion du choléra à Paris, il entoura des soins les plus empressés M. Caunes, atteint de l'épidémie, et lui montra, pendant tout ce temps-là, un dévoûment remarquable, qui inspira de la bienveillance aux amis de M. Caunes. Celui-ci disait quelquefois qu'il devait à Fieschi la conservation de la vie.

On a dit que Fieschi avait usurpé la qualité de condamné politique, et qu'avec des titres faux il avait obtenu des secours de la commission créée après la révolution de juillet. Le fait est à peu près exact. Je dis à peu près, parce qu'il est constant que Fieschi est un condamné politique, mais un condamné politique *étranger*, c'est-à-dire un condamné napolitain.

Une sentence de mort avait été prononcée contre lui à Naples, à l'issue de la malheureuse expédition de Murat. On se rappelle qu'alors le général Franchescetti ne voulut accepter la grâce que le gouvernement sicilien lui offrait qu'à la condition que ses soldats seraient compris dans l'amnistie ; et, en effet, les soldats qui faisaient partie de cette expédition aventureuse furent transportés en France : les officiers débarquèrent à Toulon, et les soldats à Marseille.

Fieschi, encore jeune, demanda et obtint la permission d'aller en Corse visiter sa famille. Sa mère était morte, mais sa sœur s'était mariée : il réclama à celle-ci la portion de l'héritage paternel qui lui était dû, quoique fort mince, à ce qu'il paraît, puisque lui-même ne l'estima qu'à la valeur d'une vache. Sa sœur et son beau-frère ayant méconnu ses droits, Fieschi voulut se faire justice de ses propres mains ; il courut dans le pré voisin, et s'empara d'un bœuf qu'il amena au marché pour le vendre. Ce trait d'audace fut exercé en plein jour, en présence de plusieurs personnes, qui ne lui opposèrent aucune résistance , parce qu'elles le connaissaient d'un caractère à ne pas se laisser enlever sa proie sans combat.

Mais, sur le marché où Fieschi amena sa capture, l'autorité avait établi un agent qui ne permettait pas qu'aucun objet fût exposé en vente avant qu'elle n'eût donné son visa et que le possesseur n'eût justifié de ses droits par un certificat de propriété signé du maire de sa commune. Fieschi, ne pouvant exhiber une telle pièce, fabriqua sur-le-champ, avec l'assistance d'un de ses amis, un certificat revêtu de toutes les formes légales : signature du maire, cachet de la municipalité, rien n'y manquait. Alors son beau-frère, Toussaint-Mathieu Muratti, natif de Muratto, qui le suivait de près, porta plainte à la justice, et Fieschi fut arrêté, puis traduit devant la Cour d'assises et condamné à dix ans de réclusion , malgré les larmes et les supplications tardives de sa sœur.

Ce jugement fut prononcé le 28 août 1816. Il le subit dans les prisons d'Embrun, où il fut transféré immédiatement.

Comme soldat de l'expédition de Murat, Fieschi avait éveillé, à son débarquement en France, l'attention du gouvernement, et le ministre de l'intérieur l'avait signalé à la surveillance de la police comme *condamné politique*. Ce fut à l'aide de ces indications officielles, qui l'avaient suivies à Montpellier, à Lodève , à Lyon , etc., que Fieschi trompa la religion de la commission des condamnés politiques et obtint, pendant trois mois, un secours mensuel de 25 francs, en tout 75 francs. Mais, la vérité ayant été découverte , il fut, pour ce fait, rayé des contrôles des condamnés , dénoncé à l'autorité et traduit devant le tribunal de police correctionnelle. Ce fut pour ne pas retomber dans les mains de la police, qui le poursuivait avec activité, qu'il abandonna le moulin Croulebarde. Il paraissait tenir beaucoup à ne pas être perdu dans l'opinion des personnes qui s'étaient si vivement intéressées à son sort. Les découvertes de la police, à son sujet, aigrirent son caractère, et les dernières paroles qu'il adressa à M. Caunes, qui lui conseillait de se constituer prisonnier, à cause du peu de gravité de son affaire, furent celles-ci : « On ne me prendra jamais vivant; » et il lui montra d'un air farouche le fouet garni de balles de plomb qu'il portait toujours caché dans sa poitrine (1).

On s'est beaucoup occupé de savoir si Fieschi avait été employé par la police et surtout s'il avait été en Italie surveiller la duchesse de Berry. J'ai tout lieu de croire que Fieschi fut employé par M. Baude, à qui même il eut l'audace de dire: «Monsieur le préfet, en temps de révolution, il est des personnes dont on a besoin de se défaire sans bruit, et dont on ne doit compte qu'à Dieu ; disposez de moi, je m'en charge. » Mais que Fieschi ait été au service de M. Gisquet, c'est ce que les circonstances que je viens de rapporter ne semblent point admettre. Quoi qu'il en soit, il est évident qu'il n'a pas été en Italie pour surveiller la duchesse de Berry ; car, depuis la fin de 1830, il est resté employé dans les ateliers que dirigeait M. Caunes.

---

(1) Cet instrument singulier a été reconnu, par plusieurs personnes, comme ayant des rapports frappans avec l'espèce de fléau dont les Chouans ont coutume de se servir lorsque, cernés de toutes parts, ils sont menacés d'être faits prisonniers. Leur excessive adresse dans l'usage de cette arme l'a souvent rendue très-meurtrière, pour nos soldats, dans les combats qu'il sont eu à soutenir en Vendée.

Ce fonctionnaire public et plusieurs autres personnes ont vu Fieschi, presque tous les jours, jusque vers le commencement de 1835, et sa signature est, de plus, apposée sur toutes les feuilles d'émargement.

Fieschi est un de ces *bravi* italiens qui portent dans la préparation et l'étalage d'un meurtre le même orgueil que les vrais braves portent dans l'accomplissement d'une belle et généreuse action.

On assure qu'après avoir été reconnu de M. Lavocat il lui dit, dans une sorte d'épanchement :

« Monsieur Lavocat, promettez-moi une chose?

— Laquelle?

— C'est d'être présent lorsque je monterai sur l'échafaud. Vous verrez de quel œil Fieschi regardera l'instrument de sa mort. Vous verrez si mes jarrets fléchiront, et vous direz : Je reconnais là Fieschi. »

D'un autre côté, comment allier cette froide intrépidité avec le bas amour du gain dont il paraît dévoré?

Fieschi fut employé au journal *la Révolution*, dès son origine. Il y avait été introduit par un nommé Figat, qui cumulait les fonctions de caissier de ce journal avec celle d'agent de police. Comme Figat, Fieschi avait le privilége de communiquer directement avec M. Gisquet; il était chargé en outre, m'assura-t-on, de surveiller une section des Droits de l'Homme à laquelle il s'était fait affilier en sa qualité de républicain et employé du journal *la Révolution*.

Fieschi était également membre d'une société de légitimistes, aussi pour le compte de la police. Tout cela explique comment il est resté à Paris sous les yeux de la police, bien qu'il fût forçat libéré, bien qu'il fût en surveillance, et que sa résidence obligée eût été fixée à cent lieues de la capitale.

Tout en remplissant ces diverses fonctions, Fieschi avait conservé les usages italiens : il portait toujours un poignard sur lui. Un jour qu'il l'avait tiré en présence d'une personne, celle-ci lui dit :

« Ne craignez-vous pas de vous compromettre avec une arme semblable, si vous étiez arrêté par hasard?

—Bah!—répondit-il,—je ne crains rien, M. le préfet de police en est informé; je le lui ai fait voir dans son cabinet. » — M. Baude était alors préfet de police.

A cette époque, Fieschi sollicitait l'emploi d'espion à l'étranger; c'était là le but de son ambition. A qui voulait l'entendre, il disait : « C'est mon lot, je suis fait pour cette place; j'ai la ruse et la patience qu'il faut pour réussir; et puis je ne crains rien, j'ai toujours en poche de quoi me défendre. » En effet, au moment de son arrestation, Fieschi était porteur de ce terrible martinet qui eût pu favoriser sa fuite, s'il n'eût pas été blessé, aussi grièvement qu'il le fut.

« Ah! certes,—s'écria-t-il dans son premier interrogatoire,— si je n'avais pas été blessé vous ne me tiendriez pas là, j'avais de quoi me défaire d'une brigade de vos mouchards. »

Immédiatement après son arrestation, Fieschi fut conduit au poste du Château-d'Eau; enfermé dans le violon de ce poste et sur-le-champ fouillé. On trouva, sur lui, un petit paquet de poudre, un couteau, une paire de lunettes, une montre d'argent, quinze ou dix-sept francs dans une bourse de cuir, et le fameux martinet : il ne portait pas de poignard ce jour-là.

Après le défilé, Fieschi fut placé sur un brancard et transporté aussitôt à la conciergerie où le procureur-général, MM. Frank-Carré, Plougoulm, et le procureur du roi M. Desmortiers, les juges d'instruction MM. Legonidec, Desmortiers et Duret d'Archiac, se rendirent également, précédés par le ministre de l'intérieur et le préfet de police.

Fieschi fit l'aveu de son crime, en déclarant qu'il n'avait point de complices.

Maintenant quelle peut être la cause qui a conduit le bras de Fieschi? voilà ce que tout le monde se demande.

V.

J'ai dit que, pendant les dix années que Fieschi avait passées dans les prisons d'Embrun, il y avait contracté des liaisons intimes avec la femme Petit, condamnée à cinq ans de travaux forcés pour banqueroute frauduleuse. Ces relations avaient continué, ou reprirent vers les derniers temps.

Lors de l'attentat cette femme prit la fuite.

Une fille de cette femme, qui avait, dit-on, des relations du même genre avec Fieschi, avait également changé de nom et disparu.

La justice attachait d'autant plus de prix à l'arrestation de ces deux femmes, qu'outre les renseignemens qu'on en pouvait tirer, on avait lieu de croire que c'était chez l'une d'elles que se trouvait la fameuse malle dont on a tant parlé, et que Fieschi avait fait emporter de chez lui peu de temps avant l'exécution de son attentat.

Ces deux femmes furent arrêtées presqu'en même temps, et la malle fut en effet saisie chez la fille Nina.

Ce ne fut pas sans peine que la police parvint à cette découverte; car il a été reconnu que, depuis le crime cette malle avait été successivement déposée dans neuf domiciles différens.

Elle avait été cachée notamment chez un sieur Muray, sur lequel pèsent, dit-on, des charges très-graves, et qui est également sous la main de la justice; et cependant, lors de l'arrestation de cet individu, on ne trouva à son domicile, pour tous papiers, que quelques reconnaissances du Mont-de-Piété.

Quant à la femme Petit, cette femme, aux formes communes, se distingue cependant par des connaissances assez étendues et une élocution facile. S'il faut l'en croire, sa famille occupe une position assez élevée en province. Son physique n'est pas agréable; elle est maigre, grande, très-brune; son accent méridional est très-prononcé. Elle a un langage mielleux et insinuant, dont il faut se défier, car la vérité n'est jamais sur ses lèvres, et elle soutient une imposture avec un aplomb qui étonne; son regard oblique ne fixe jamais en face son interlocuteur.

La femme Petit avait une très-grande influence sur Fieschi, qui, étant convaincu de sa supériorité, lui obéissait comme un enfant. Elle recherchait toutes les occasions de faire valoir sa bonté, sa grandeur d'âme, la générosité de son cœur et la délicatesse de ses sentimens ; elle vantait aussi son désintéressement et son dévouement pour ses amis. A ce sujet, elle a raconté diverses anecdoctes qui, dans les circonstances actuelles, pourront servir à éclairer certains doutes et à raffermir certaines convictions ébranlées.

Cette femme, après 1830, partagea le sort de son amant, c'est-à-dire qu'elle le suivit au moulin Croulebarbe, où elle était encore vers le milieu de l'année 1834. Cependant elle le quitta à la suite d'une querelle domestique dont la véritable cause m'est inconnue, et elle alla s'établir au *marché des Patriarches*, où elle vendait du pain pour le compte d'un boulanger; plus tard elle tint une table d'hôtes bourgeoise, où se réunissaient quelques étudians en médecine.

Quand à Nina Lasalle, elle est âgée de 20 ans environ.

Après 1830, elle entra à l'hôpital de la Pitié, où M. Lisfranc l'a traitée pour une maladie scrofuleuse qui l'a laissée estropiée d'une main et l'a rendue borgne. Les journaux ont fait confusion lorsqu'ils ont dit qu'il y avait une troisième femme qu'on ne retrouvait plus, qui était borgne et à laquelle il manquait un doigt de la main. Cette indication ne peut évidemment s'appliquer qu'à Nina Lasalle.

Il est de fait que Fieschi marchait ayant toujours à la main une canne à dard.

Sur de malignes indications, données par des voisins, qu'une seule lumière éclairait le logément de Fieschi, où couchait aussi la femme Petit et la fille Nina, la femme Petit, inspirée par la jalousie, parvint à se cacher dans une armoire, et surprit un soir Fieschi et sa fille au moment du coucher. Cette aventure amena la querelle qui donna lieu à sa séparation avec Fieschi. Cependant ils se réunirent de nouveau plus tard. La maîtresse de Fieschi était, assure-t-on, autrefois pensionnée par l'ancienne dynastie ; mais ce qui paraît certain, c'est que Fieschi montra un jour à plusieurs personnes, demeurant à la manufacture des Gobelins, le portrait du duc de Bordeaux, et qu'il affecta des sentimens légitimistes. Un autre jour reprochant à un condamné politique sa position secondaire, il lui dit qu'un homme comme lui devait s'élever au-dessus de son état. « Quant à moi, — ajoutait-il, — s'il arrive une autre révolution, je tuerai rois, princes et tous les gens de haut parage qui se trouveront sous ma main. » On n'attacha à ces menaces, à ces bravades, aucune importance, d'autant plus qu'on reconnaissait en lui certaines qualités.

Parmi les individus arrêtés pour fait de complicité, celui de tous le plus inculpé est le nommé Boireau, ouvrier lampiste, âgé de 26 ans. Ce jeune homme travaillait chez un lampiste de la rue Neuve-des-Petits-Champs.

On raconte que, la veille de l'attentat, Boireau

reçut la visite de deux personnages fort bien vê-
tus, qui se firent introduire près de lui dans l'a-
telier. Au moment de quitter son travail, Boireau
dit à son patron : « Si vous m'en croyez, vous
n'irez pas demain à la revue, car je sais qu'il y
aura du grabuge. » Puis il se retira.

Après son départ, le maître, rapprochant cette
espèce de prophétie de la visite des deux inconnus,
conçut des soupçons. Il se rendit donc auprès de
M. Dyonnet, commissaire de police qu'il savait
être de service au théâtre de l'Opéra. « Je veux
absolument,—dit-il aux contrôleurs du théâtre,—
parler au commissaire de service; c'est pour une
chose importante; veuillez m'indiquer le numéro
de sa loge. » Cet honnête fabricant arriva bientôt
jusqu'à lui et lui communiqua ce qu'il avait entendu dire par son ouvrier, en ajoutant qu'il
pensait qu'un complot existait.

Le commissaire s'empressa de quitter le théâtre,
pour aviser, de concert avec le révélateur, aux
moyens de déjouer les projets criminels qui paraissaient être conçus; mais malheureusement, et
par une étrange fatalité, ce lampiste ne put
indiquer la demeure de son ouvrier, et toutes les
démarches qui furent faites dans ce moment pour
parvenir à la connaître devinrent infructueuses.
Soit que le temps ait manqué, soit qu'on n'ait pas
ajouté pleinement foi au renseignement du lampiste, ou qu'on l'ait cru sans importance, les choses
en restèrent là.

Après l'arrestation de Fieschi, la police découvrit l'adresse de Boireau, et ce fut dans sa chambre, rue Quincampoix, n° 77, qu'il fut arrêté.

Conduit au dépôt de la Préfecture, il subit un premier interrogatoire, qui sembla établir sa participation au complot contre la vie du roi. On assure qu'il confessa lui-même avoir procuré à Fieschi la poudre nécessaire à l'explosion de la machine. Il fut immédiatement mis au secret, et y est demeuré depuis.

Le propriétaire présumé du second chapeau trouvé chez Fieschi fut arrêté voici comment.

Cet homme, ayant une blessure grave au bras, se présenta un matin à l'hôpital Saint-Louis. Il se donnait comme une des victimes de l'attentat. On s'étonna naturellement qu'une personne blessée dans cet affreux événement eût attendu si long-temps pour réclamer des secours ; cette circonstance, jointe au caractère de la blessure, éveilla les soupçons ; alors on lui essaya le chapeau et il se trouva qu'il allait parfaitement à la mesure de sa tête.

Le même jour, un fait assez singulier se passait à l'Hôtel-Dieu.

Le nommé Brennet, blanchisseur, demeurant à Boulogne, près Paris, se présenta également à quatre heures du soir dans cet hôpital pour y être reçu d'urgence. Cet homme souffrait d'une jambe démise. Le lendemain, à quatre heures, il se déroba de son lit pour descendre sur la terrasse

Sainte-Marthe, d'où il se précipita dans la rivière.
L'eau étant très-basse, et sachant nager, il ne put
réussir à se noyer. Les soldats du poste du Petit-
Pont le ramenèrent à l'Hôtel-Dieu. Il demandait
la permission de sortir, et laissait à chaque instant
apercevoir la crainte d'être appelé en témoignage
au Palais. Était-il atteint d'une affection cérébrale,
ou bien cédait-il aux reproches secrets de sa conscience? c'est ce qui serait, quant à présent, difficile à dire. En attendant, on le remit, d'une part,
entre les mains des surveillans, et, de l'autre, on
prévint l'autorité.

Pendant ce temps un fait non moins singulier,
et qui a une certaine analogie avec ceux que je
viens de citer, se passait à plus de 3o lieues de
Paris.

Dans la nuit du 3o au 3i juillet, un individu,
profitant du moment où l'une des portes de Pé-
ronne était ouverte pour l'entrée d'une diligence,
se glissa dans la ville. Le guichetier le croyant un
voyageur descendu de la voiture le laissa passer.
L'individu s'en fut à un corps-de-garde, et, s'a-
dressant aux gardes nationaux qui s'y trouvaient,
leur demanda de lui indiquer une auberge où il
pût passer la nuit, ne voulant pas, — disait-
il,—descendre à l'hôtel où se trouve le bureau de
la diligence. Cet homme était sans chapeau et
dans un état qui indiquait qu'il avait fait une
longue route à pied.

On lui demanda ses papiers, il ne put exhiber

qu'un certificat du procureur du roi de Senlis, non revêtu du cachet de ce magistrat.

Conduit par-devant la gendarmerie, on découvrit bientôt qu'une de ses mains, qu'il tenait soigneusement cachée, portait les traces d'une blessure faite par une corde le long de laquelle il se serait laissé glisser ; sa poitrine était sillonnée de blessures récentes, paraissant être le résultat d'un coup de fusil à bout portant.

Le substitut du procureur-général près la Cour royale d'Amiens fut prévenu de cette arrestation, et se rendit sur les lieux.

Le nommé Boroton, atteint d'un projectile à la cuisse, et qui figurait parmi les blessés reçus à Saint-Louis, fut arrêté après deux interrogatoires du juge d'instruction, et transféré à la Conciergerie. Il paraît que de graves soupçons planaient sur cet homme, qui, trouvé blessé, selon les uns, tout près de la maison, et, selon d'autres, dans la maison même d'où sont partis les coups de feu, ne put, dans le premier moment, donner sur ses blessures aucune explication satisfaisante.

Maurey, arrêté comme complice de Fieschi, a été ouvrier sellier dans les écuries du duc d'Angoulême. C'est un homme qui n'a jamais dissimulé ses penchans légitimistes. Il a une fleur de lis tatouée sur le bras gauche. On prétend que c'est lui qui fit la selle magnifique dont se servait, en Vendée, la duchesse de Berry lors-

qu'elle était à la tète de ses bandes. Cette selle,
ainsi que le cheval blanc de la duchesse, ont été
notamment remarqués et signalés par nos soldats
à l'affaire du Chène. Maurey montra un grand
chagrin de son arrestation. Ses précautions
avaient été si bien prises qu'il se croyait à l'abri de
tout soupçon. Il avait jusqu'alors caché à Fieschi
son nom, son domicile et son état; celui-ci ne le
connaissait que sous la dénomination de l'*Oncle* et
du *Payeur*. C'est par l'entremise de Nina Lasalle,
que la police parvint à remonter jusqu'à lui.

Un magistrat lisant à Fieschi la liste des personnes que sa machine avait tuées ou blessées, et
lui demandant s'il n'avait pas de remords d'avoir
fait tant de victimes : *Je sais bien que j'ai eu
tort,* répondit-il.

— Mais qui a pu vous porter à commettre un
aussi effroyable attentat?

— On m'a tellement obsédé, que j'ai fini par cé-
der. A force de poursuivre une jeune fille, on
finit par la faire succomber. C'est ainsi que j'ai été
entraîné à ma perte.

— Vous avez donc cédé à des suggestions?

— Oh! certainement! et de plus d'un genre.

— Et qui donc vous faisait ces suggestions?

— Je sais que ma tête y doit passer, ainsi j'aime
mieux ne pas les nommer. »

VI.

L'instruction de l'affaire de Fieschi avance rapidement, au fur et à mesure que ses complices, ou ceux présumés tels, sont arrêtés.

Du reste, il témoigne beaucoup de reconnaissance des soins qu'on a pour sa conservation, et n'oppose aucune résistance. Un moment il poussa un long soupir : on lui demanda s'il souffrait ; il répondit que ce n'étaient pas ses blessures qui l'avaient fait soupirer, mais que c'était parce qu'il était en proie à des souffrances morales.

Le 28 juillet, quelques secondes avant l'explosion et près du lieu du crime, un jeune homme poussa, à intervalle, trois vigoureux coups de sifflet. Il fut immédiatement arrêté, conduit à son domicile, passage Saint-Pierre, et de là transféré à la Préfecture, après qu'on eut fait une exacte perquisition chez lui. Ces trois coups de sifflet étaient-ils un signal auquel l'explosion aurait répondu ou l'expression d'un sentiment personnel? C'est ce que l'instruction aura à éclaircir.

On avait aperçu sur une partie de la charpente de la machine infernale le mot *Mont...*; sur une autre partie, le n. 41. Que pouvait signifier ce mot? Était-ce le commencement du nom d'une rue? Plus de vingt rues de Paris commencent par ce monosyllabe. A force de recherches, on arriva à la rue de Montreuil. Précisément dans cette rue, au n. 41, réside un menuisier... C'est lui qui avait fait la charpente, il la reconnut, et ce travail, ainsi que je l'ai dit, date du mois d'avril.

On trouva un cocher de cabriolet qui déclara avoir transporté à la maison du boulevard du Temple un individu avec une malle assez lourde. Conduit près de Fieschi, il le reconnu à ses vêtemens et à sa figure, quoiqu'elle fût en partie cachée par les bandages qui l'enveloppaient.

Quelques-uns de nos députés ayant questionné M. Baude sur les relations qu'il avait eues avec Fieschi, entre autres particularités qu'il leur raconta à ce sujet, l'ex-préfet de police leur dit qu'un jour, ayant parlé devant Fieschi d'un homme qui l'embarrassait dans une entreprise, celui-ci lui avait répliqué très-froidement: « Si cet homme vous gêne, il faut s'en défaire; je m'en charge. »

On a prétendu que Fieschi avait demandé à prendre du tabac, et qu'il avait témoigné le désir d'avoir sa tabatière. Il voulait, à ce qu'il paraît, reprendre cette tabatière, qui avait un double fond, et dans lequel on a trouvé des cheveux. Un de ses médecins lui ayant dit : « Mais il est impossible que vous ayez pu commettre votre crime sans l'assistance d'aucun complice ? » il lui répondit : « Pansez-moi, monsieur : vous n'êtes ici que pour cela ; car vous n'avez pas office de juge d'instruction. »

Au travers de l'extrême réserve que s'impose avec raison la commission d'instruction, on entrevoit qu'elle n'a pu saisir jusqu'ici les fils d'une complicité étendue et de quelque importance. Le coupable, dont la carrière a été toute d'intrigue, n'est dépourvu ni d'esprit ni de connaissances, et il a plus d'une fois fait preuve, dans ses interrogatoires, de cette astuce italienne qui met en défaut l'habileté du juge. Ce qui semble positif, c'est que ce n'est point, comme on avait pu d'abord le croire, un de ces esprits sombres et exaltés qui ont d'avance sacrifié leur vie à l'accomplissement d'une œuvre de conscience ; il avait, au contraire, pris les précautions les plus minutieuses pour échapper à la justice. Ainsi on n'a pas trouvé un seul papier dans sa malle, et tout son linge avait été démarqué et marqué de la lettre *M.* On sait aussi qu'il a plus d'une fois hésité à commettre son crime ; il a même avoué qu'un peu avant le passage du roi, le cœur lui ayant tout-à-coup failli, il descendit alors chez un marchand de vin pour boire de l'eau-de-vie, et cette liqueur lui rendit la résolution nécessaire pour accomplir son fatal dessein.

L'état de Fieschi n'a pas cessé un instant d'être aussi satisfaisant que la gravité de ses blessures pouvait le faire espérer. Les premiers accidens de fièvre et de suppuration se sont assez bien passés. Il est faible, et cela se conçoit après les fortes saignées qu'il a fallu lui faire. Cependant il a constamment conservé toute sa présence d'esprit, et il a même repris, dans le caractère, plus d'énergie qu'il n'en avait montré précédemment. Une chose remarquable dans sa situation et avec le fanatisme dont on a pu le croire animé, c'est qu'il se soit prêté avec docilité à tout ce que les médecins lui ont prescrit depuis les premiers soins qu'on lui a donnés jusqu'à présent.

Le secret rigoureux qu'on a observé à l'égard des prévenus m'a fait accueillir avec beaucoup de circonspection toutes les anecdotes qui ont circulé sur leur compte; en voici cependant quelques-unes qui me paraissent au moins vraisemblables.

Ce fut pendant la dernière année que Fieschi passa dans la maison de détention d'Embrun qu'il parvint à faire connaissance avec la femme Petit, qui y subissait aussi la peine de cinq années de travaux forcés. La veille même de sa sortie de prison, il réussit à se cacher dans un couloir du quartier des femmes, pour attendre le passage de sa maîtresse; mais, surpris par le gardien de service, il passa cette dernière nuit au cachot.

La femme Petit a beaucoup d'astuce et de finesse dans le caractère. Voici, au reste, le récit d'une circonstance qui suffira pour la mieux faire connaître.

Un inspecteur des douanes du département de l'Hérault, devint veuf ; il prit pour gouvernante Laurence Petit (Laurence est un des noms de baptême de cette femme). Jeune alors et d'une figure agréable, celle-ci ne tarda pas à amener son maître, d'un âge déjà avancé et d'un caractère faible, jusqu'à l'épouser.

Cet homme mourut. Sa veuve (Laurence Petit), après avoir retiré de sa succession tout ce qu'elle put, s'en alla à Lyon, où elle se remaria avec un sieur Abot, négociant. Selon les habitudes de luxe et de dépenses qu'elle avait contractées, elle eut bientôt consommé la ruine de ce second mari, et peu de temps après une accusation de banqueroute frauduleuse les envoya, lui, pour dix ans au bagne de Toulon, et elle pour cinq années dans la prison d'Embrun. Quelques personnes, croyant cette femme plus malheureuse que coupable, la recommandèrent charitablement aux autorités locales; mais sa conduite l'a bientôt fait abandonner de ceux qui avaient bien voulu contribuer à adoucir son sort.

Au surplus, sa conduite a été de tout temps très-régulière, s'il faut en croire les bruits qui ont couru sur son compte à toutes les époques.

A cette occasion, voici un fait qui se serait passé

pans la prison d'Embrun : les fenêtres de l'infir-
merie des hommes donnaient sur la cour des femmes. Madame Abot (elle n'était connue dans la
maison que sous ce nom), avait captivé le cœur
d'un jeune marin détenu pour insubordination.
En l'absence du gardien, il s'établit entre eux un
colloque dans lequel Laurence Petit lui reprochait
de ne pas l'aimer assez. « Moi, dit le jeune homme, je donnerais ma vie pour vous.

— Vous ne donneriez pas votre petit doigt, lui
répondit Laurence.

— Voulez-vous celui-ci? s'écria le marin en lui
tendant une main et tenant un couteau de l'autre.

— Voyons si vous avez assez de cœur... »

Aussitôt le jeune homme se frappa, et son doigt
ensanglanté tomba aux pieds de la femme Petit,
qui se vanta long-temps après à ses compagnes de
ce témoignage d'amour.

Il est très-vrai que Fieschi était à Lyon en 1830,
et voici à cet égard quelques renseignemens dont
je garantis l'exactitude. Vers le 12 au 15 août
1830, Fieschi se présenta chez le lieutenant-général comte Verdier, qui commandait la ville et
la garde nationale de Lyon, et réclama son appui,
comme victime du despotisme, pour avoir parti-
cipé à un complot en faveur de Napoléon; il se disait sortir de la garde du roi Joachim Napoléon, et
allié à la famille d'un illustre général, dont il se
proposait d'aller réclamer la protection à Paris.

Fieschi était en outre porteur d'un certificat assez

bien rédigé et d'une page d'écriture, au bas de laquelle se trouvait apposée la signature vraie ou fausse du général Tiburce Sébastiani et celle du général Franchescetti. Il était de plus muni d'un certificat délivré par le directeur de la maison centrale de détention d'Embrun, qui constatait que le sieur Fieschi, condamné politique, avait été détenu pendant cinq ans dans la susdite maison, et que sa conduite l'avait fait distinguer et l'avait fait employer en qualité d'*aide* dans l'établissement, jusqu'à sa libération. Ce sont ces deux certificats qui, plus tard, ont été reconnus faux à Paris. Celui du directeur de la maison de force d'Embrun portait le timbre de l'établissement.

Fieschi demandait à être dirigé sur Paris, et réclamait une feuille de route ; le général Verdier lui fit délivrer un certificat d'indigence, pour avoir droit à l'indemnité de route, une recommandation pour la commission, et, comme il était dans un dénûment complet, il fut fait une collecte en faveur de ce malheureux qui produisit environ 36 ou 4o francs, et il partit pour Paris.

En mars dernier, un de ses compatriotes, qui l'avait perdu de vue depuis quelques mois, le rencontra se promenant dans une des allées des Champs-Elysées, en compagnie d'un inconnu qui portait un paquet sous le bras. Fieschi était mis avec propreté, mais cette propreté même contrastait avec l'extrême vétusté de ses vêtemens.

« Eh bien ! lui dit son compatriote en lui serrant

affectueusement la main, la fortune commence-
t-elle à nous sourire?

« —La fortune! —répondit Fieschi avec un rire
amer...—Oui vraiment... la société me rejette... la
mort vaudrait mille fois mieux qu'un tel degré
d'abjection. Eh bien! la mort, soit... Mais, avant de
mourir, on parlera de moi! »

Le malheureux a tenu parole.

Fieschi n'a fait aucune difficulté d'avouer qu'il
était l'auteur de l'attentat, et il en a témoigné
du repentir. Mais il s'est refusé jusqu'ici à con-
venir qu'il eût été aidé par quelqu'un. Pour l'en-
gager à faire des révélations, on lui a dit à diverses reprises qu'il pourrait peut-être par là obtenir grâce de la vie.

Plus tard, la même insinuation lui ayant été faite,
il répondit qu'il n'était pas au pouvoir même du
roi de lui faire grâce, puisqu'il avait fait périr
un maréchal.

Cependant on m'a assuré que Fieschi conti-
nuait d'être dans une ignorance à peu près complète des désastres du 28 juillet, parce qu'aussitôt
qu'il avait été atteint par sa machine infernale, il
s'était efforcé de fuir sans avoir pu juger des effets
de l'explosion. Au moment où l'on s'est emparé
de lui, il était sans connaissance, et cet évanouisse-
ment a duré jusqu'après son arrivée à la prison.
Depuis lors on a évité avec soin de lui laisser parvenir aucun renseignement du dehors. Les quatre
hommes qui l'avaient remis entre les mains de

l'autorité sont restés avec lui sous les verroux, et se trouvent au secret aussi bien que lui; ils partagent sa captivité, et reçoivent une indemnité pour la mission qui leur est donnée de le distraire et de l'occuper; ils jouent avec lui soit aux cartes, aux dames ou aux dominos.

Les magistrats qui interrogent ordinairement l'accusé le traitent avec des égards qui contribuent à le calmer et à accélérer sa guérison. Ainsi l'un d'eux, qui le visite souvent, est dans l'usage de l'appeler *mon cher Fieschi*; et, quand il l'aborde, il lui dit avec bienveillance : « Bonjour, *mon cher Fieschi*; comment *allons-nous* aujourd'hui ? » Si Fieschi est couché, et qu'il reçoive cette visite, il s'excuse de n'être pas levé et de ne pouvoir saluer son juge. A quoi celui-ci lui répond qu'il ne doit pas faire attention à cela, et qu'ils pourront tout aussi bien causer pendant qu'il est dans son lit.

Le ministre de l'intérieur est plus cérémonieux, et s'adresse toujours à lui avec cette formule: *Monsieur Fieschi*. On remarque cependant que l'accusé témoigne à celui-ci peu de confiance, et se montre devant lui sérieux et taciturne.

La chambre dans laquelle Fieschi est enfermé est voûtée et assez sombre, mais elle est très-propre et suffisamment meublée; la fenêtre et le lit sont garnis de rideaux blancs. Un second lit est dressé dans un coin de cette pièce pour le gardien qui passe la nuit auprès de lui.

Dix-huit ou vingt personnes, plus ou moins,

sont compromises dans cette grave affaire, ce qui donnerait au procès plus de durée qu'on n'avait d'abord supposé, et ce qui impose à l'instruction une extension considérable. Toutefois je suppose qu'on n'est encore arrivé à aucune découverte importante, du moins quant à la pensée supérieure qui aurait conçu et dirigé cette machination. Maurey pourrait faire des révélations ; mais cet individu se renferme dans un silence absolu sur tout ce qui se rattache à l'événement ; il est dans un état habituel d'irritation, sur lequel les formes polies de messieurs les pairs instructeurs ne peuvent rien. J'ai entendu dire qu'il a y très-peu de jours, au moment où M. Pasquier lui adressait la parole, Maurey s'est élancé sur lui avec rage, et ce n'a pas été sans peine qu'on a retiré de ses mains M. le président.

Tous ceux qui ont connu Fieschi sont unanimes pour attester sa férocité, son esprit, son étonnante résolution, son audace au-dessus de tous les principes, de toutes les lois, de tous les préjugés. Lorsqu'on ne le désignait encore que sous le nom de Gérard, le domestique de M. Lavocat disait : « Si ce n'est pas Gérard, il n'y a que Fieschi au monde capable de faire un pareil coup. »

Bavard plein de vanité, conteur doué d'une grande originalité, Fieschi amusait tous ceux qui l'écoutaient, quoiqu'ils ne crussent pas à tout ce qu'il prétendait avoir fait ou être prêt à faire. Inaccessible à des sentimens doux, il s'attachait néanmoins facilement, et il existe cinq ou six personnes qu'il aimait comme un boule-dogue aime le maître qui lui donne à manger. Vingt fois il a mis son poignard au service de ces personnes privilégiées, et le trait suivant prouvera qu'il ne croyait pas pouvoir témoigner sa reconnaissance et son dévouement d'une manière plus efficace et plus absolue.

Un jour il va trouver un médecin qui avait donné des soins à la femme avec laquelle il vivait; après l'avoir remercié, il ajoute :

« Vous ne vous attendez sans doute pas qu'un homme comme moi vous paie en argent le service que vous m'avez rendu. Mais je puis faire ce que nul Français n'oserait seulement vous proposer.

— Quoi donc, monsieur ?

— Avez-vous un rival, un ennemi dont vous vouliez vous débarrasser, un parent que la mort tarde trop à emporter ? eh bien ! j'ai là un moyen dont vous pouvez à l'instant user. »

Ce moyen était, comme on s'en doute, le poignard qu'il montrait au docteur ému et presque épouvanté.

A mesure que les forces de Fieschi lui reviennent, l'on voit aussi reparaître en lui toute la détermination du caractère corse ; il semble résigné à subir les conséquences de son crime. Il a dit récemment à un des magistrats qui l'interrogeaient : « Eh! mon Dieu! je n'ai qu'une vie à perdre ! qu'on me l'ôte, et surtout qu'on ne me fasse pas attendre Quand le vin est tiré, il faut avoir le courage de le boire. Qu'est-ce donc que les Français? ils n'ont aucune fermeté, ils ne savent pas mourir ! »

Il résulte des faits que je viens de rapporter, et d'après diverses conversations, que Fieschi n'est point un homme exalté, mais qu'il a un caractère énergique, et qu'il est doué de présence d'esprit. Chaque jour ses interrogatoires se renouvellent en présence de ministres et de la commission de la cour des pairs. La plus grande activité règne dans l'instruction, et l'on pense que le procès pourra être commencé le premier septembre prochain.

J'en tiendrai mes lecteurs au courant.

IMPRIMERIE DE FÉLIX MALTESTE ET Cie,
RUE IBAINÉE, Nos 15 ET 17, PRÈS SAINT-EUST.CHE.

PAR AN : 6 FRANCS.

7 f. 50 c. pour les départemens : 9 f. pour l'étranger.

Toutes les *lettres*
et *paquets*
devront être adressés
franc de port
au directeur du
Journal.

Toute personne
qui réunira
dix Souscripteurs
aura droit
à un abonnement
gratis.

NAPOLÉON.

JOURNAL ANECDOTIQUE ET BIOGRAPHIQUE

De l'Empire et de la grande Armée.

TROISIÈME ANNÉE.

« On m'aime, Monsieur, parce que je suis
le peuple-empereur. »
Paroles de Napoléon à B.-Constant.
(25 mars 1815.)

Prospectus.

En publiant, il y a trois ans, sous la forme d'un Journal mensuel, *l'Histoire anecdotique de Napoléon* et les archives de la grande armée, notre but fut surtout de réveiller, par la recherche des beaux traits de l'époque impériale, cette verve d'honneur et de gloire qui ne manque jamais d'exciter l'émulation des multitudes, car l'ère de Napoléon est encore à bon droit puissante dans les esprits. Dans nos villes, dans nos bourgs, dans nos hameaux, partout il se trouve un sabre d'honneur, une croix gagnée sur le champ de bataille, un invalide qui n'a pas oublié l'ordre du jour où son général parla de lui.

Les détracteurs de Napoléon finirent par le comprendre : sa mort purifia de vieux ressentimens ; et c'est d'elle-même que sa statue remonta sur la colonne, dont le socle était resté intact.

Les traditions du martyr de Sainte-Hélène étaient éparses dans les bulletins officiels, dans les *mémoires* particuliers, dans les écrits dictés par le fanatisme de l'amour ou de la haine ; le temps était venu de les recueillir : nous l'avons fait. Les populations sont encore sous l'impression de la grandeur napoléonienne ; elles en révéreront éternellement les débris ; et la certitude est restée dans les âmes que, si le continent se liguait encore pour abaisser notre drapeau, l'aigle impérial retrouverait, d'instinct, les clochers qu'il parcourut jadis à tire-d'aile.

Des milliers de mains ont concouru à notre œuvre. Ministres et particuliers, généraux et soldats, tous se sont émus d'intérêt à l'idée qui nous a dicté cette entreprise. Des savans, des artistes, des braves sont venus en foule à nous : ils ont ajouté à la masse inépuisable de nos précieuses archives des révélations, des souvenirs, des faits, dont seuls ils avaient les preuves justificatives, et que nous nous sommes empressés de recueillir, pour que désormais pas une gloire ne puisse s'éteindre dans l'oubli, fût-elle enfouie sous la plus humble chaumière.

Ce Recueil est un véritable monument élevé à la mémoire de Napoléon et des braves de la grande Armée. Les documens inédits les plus curieux et les plus authentiques servent à la rédaction de cette troisième année du Journal, publiée sous le patronage des hommes les plus célèbres de l'Empire.

Les rédacteurs habituels sont :

M. Antommarchi, *médecin de Napoléon à Sainte-Hélène ;* — Mme la duchesse d'Abrantès.

MM. de Balzac; — le duc de Bassano; — S. Henry Berthoud, *rédacteur en chef du Musée des Familles ;* — le baron Bignon , *membre de la Chambre des députés ;* —Louis Bonaparte; —le colonel Bricqueville, *membre de la Chambre des députés;* — Mme la comtesse de Bradi.

MM. Constant, *premier valet de chambre de l'Empereur;* — Cornaro, *ancien aide-de-camp du prince Eugène , vice-roi d'Italie;* — Courtin, *ex-procureur impérial.*—le baron Fain, *ancien secrétaire du cabinet de l'Empereur;* — le duc de Gaëte, *ancien ministre du trésor, ex-gouverneur de la Banque ;* — le maréchal-de-camp baron Gourgaud; Victor Hugo; — le colonel d'état-major J. Marnier , *ancien aide-de-camp du général Rapp;* — le comte de Las Cases; — Lautour Mézeray, *directeur du Journal des Enfans;*—madame Marco de Saint-Hilaire, *première femme de l'Impératrice Joséphine.*

MM. Michel Raymond; — le général comte de Montholon; — Charles Nodier (de l'Académie française); — Giuseppe Ottaviani, *ex-sous-préfet en Corse;* — Mme veuve du général Pegot (Jean).

MM. le lieutenant-général baron Pelet, *directeur du dépôt de la guerre;* — De Pradt, *ancien archevéque de Malines;* —Mme la duchesse de Saint-Leu (la reine Hortense).

MM. le général comte de Ségur, *pair de France;* — Frédéric Soulié; — Thiers, *ministre d'état et député;* — le général Guillaume de Vaudoncourt; — Alexis Plater Wolowski, *officier supérieur d'état-major, employé au quartier-général de l'Empereur pendant les années* 1812 *et* 1813 ; etc., etc.

A partir de cette troisième année, pour suffire à notre tâche et nous y renfermer strictement, nous avons élagué, dans le complément de cette publication , tout ce qui ne se rapportait pas exclusivement à Napoléon lui-même. Les faits publics et privés , ces derniers surtout, qui, par leur simplicité caractéristique, mettent son génie en lumière, les anecdotes de l'armée, du conseil d'état, de la famille. du champ de

bataille, de l'exil, ont eu droit à notre sollicitude
spéciale. Des matériaux qui étaient dans nos cartons,
nous avons cru devoir supprimer, pour entasser plus
de faits dans nos colonnes, toutes les réflexions para-
sites et ces récits, de pur détail, qui dépassaient ces
limites.

La modicité de ce prix : SIX FRANCS PAR AN,
nous a fait espérer qu'enfin l'*histoire anecdotique* du
Grand-Homme arriverait ainsi jusqu'aux familles les
moins aisées de la société.

CONDITIONS DE LA SOUSCRIPTION.

La 3ᵉ année du Journal continue de paraître du
25 au 30 de chaque mois, par livraison de 3 feuilles
ou 96 colonnes, imprimées en caractères neufs, sur
papier vélin *grand-aigle* satiné.

Il y aura 8 livraisons, qui, réunies, formeront un
beau volume de 800 pages contenant au moins la ma-
tière de *trois* volumes in-8º.

A la 6ᵉ et dernière livraison seront jointes deux ta-
bles : l'une, des articles contenus dans le volume ;
l'autre, de tous les noms cités, classés par ordre al-
phabétique : et enfin une couverture imprimée.

ON S'ABONNE A PARIS,

AU BUREAU DU JOURNAL, RUE DES TROIS-FRÈRES, 17 ;

*Chez tous les Libraires et Directeurs de poste de la
France et de l'Etranger, et dans tous les bureaux de
messageries royales.*

On ne s'abonne pas pour moins d'une année. Tous les
abonnemens, à cette 3ᵉ année, comptent à partir du
25 juin 1835 : le montant doit en être adressé *d'avance
et franc de port* au *Directeur* du Journal.

N. B. On trouve, au bureau, les 1ʳᵉ et 2ᵉ années, élégamment
brochées, au prix ordinaire de l'abonnement. Le Directeur du
Journal recevra avec reconnaissance tous les documens et toutes les
rectifications que les vétérans de l'armée voudront bien lui communiquer.

Imprimerie de Félix MALTESTE et Cⁱᵉ, rue Traînée, 15.

www.ingramcontent.com/pod-product-compliance
Ingram Content Group UK Ltd.
Pitfield, Milton Keynes, MK11 3LW, UK
UKHW020035100726
13658UKWH00003B/1343